中华武术典籍珍藏

民国武术文献选刊

第二辑　第三卷

崔虎刚　收集整理

北京体育大学出版社

责任编辑：井亚琼
责任校对：刘艺璇
版式设计：高文函

图书在版编目（CIP）数据

民国武术文献选刊. 第二辑. 第三卷 / 崔虎刚收集整理. -- 北京 : 北京体育大学出版社, 2024.1
（中华武术典籍珍藏）
ISBN 978-7-5644-4008-4

Ⅰ. ①民… Ⅱ. ①崔… Ⅲ. ①武术－文献－汇编－中国－民国 Ⅳ. ①G852

中国国家版本馆CIP数据核字(2023)第255370号

民国武术文献选刊. 第二辑. 第三卷　崔虎刚 收集整理
MINGUO WUSHU WENXIAN XUANKAN. DI-ER JI. DI-SAN JUAN

出版发行：北京体育大学出版社
地　　址：北京市海淀区农大南路1号院2号楼2层办公B-212
邮　　编：100084
网　　址：http://cbs.bsu.edu.cn
发 行 部：010-62989320
邮 购 部：北京体育大学出版社读者服务部 010-62989432
印　　刷：北京雅图新世纪印刷科技有限公司
开　　本：710 mm × 1000 mm　1/16
成品尺寸：170 mm × 240 mm
印　　张：9.5
字　　数：99千字
版　　次：2024年1月第1版
印　　次：2024年1月第1次印刷
定　　价：98.00元

筹委会

（排名不计先后）

【河北】

王雪松 董智勇 侯晓山 张春光 智　泳 李向东 王弘武 苏建中 魏朝辉
王英臣 赵　军 段雷朋 王欢迎 孟祥国 刘明华 王文革 董法胜 卢宝库
马新华 孟令斗 李学兵 龙　威 狄松涛 牛树天 孟令聪 张永泽 孟令兴
孟令江 张思雨 高立新 陆明文 赵世君 张守安 王向东 赵永亮 曹彦场
刘　念 许　栋 卢保卫 庄国伟 孙　健 巩国平 孙　振 姜海伟 徐书长
王　宾 王永涛 赵志勇 张剑军 孟祥龙 柴海生 田卫民 王铁英 张继斌
秦晓悦 刘红强 王长军 田振伟 田　伟 闫庆洪 郎立成 张坤伟 李　波
周　弘 郗建勋 刘光芒 王福庆 张星一 董贵轩 高国辉 孟春华 陈志刚
张增海 李常琳 章建春 张　斌 李　冰 王小龙 鲍玉龙 常　军 李会锋
盖国海 张铁柱 钟俊峰 张根云 任增良 宋分成 李保辉 卜元法 刘　雷
封佳良 李立兵 郝桂英 杨志英 赵连江 张　聪 夏令虎 李正国 丁　强
李文龙 王学武 陈宇明 李金龙 张　义 牛志勋

【山西】

李旭东 刘笃义 苗树林 李乃勤 张振杰 陈贵更 姚建东 张　欣 邢晓朝
王连恒 王　兵 马德祥 薛文江 温锦铭 杨　军 郝利华 李俊杰 王守禄
董冬元 张奇林 任晓平 沈炜东 赵京生 刘叔勤 梁光平 郭玉文 李　白
王理生道长 吴志刚 阎子龙 王宏伟 王　建 李德仁 郭润泽 高玉兔
许青行 孙君荣 陈　娟 赵国华 王银辉 胡晓琴 田志丹 韦树杰 温玉恩
胡元亮 马海平 张玉全 阴建文 王日兵 郭　扬 释妙修 高全民 何　军
冉高峰 李正业 王勇义 晨　曦 田正西 马学恩 郭晋博 王建筑 高宝东

王太晨　侯庆林　朱喜何　宋宝贵　宋俊芳　吴会进　王俊香　张楗军　王德俊
胡佳锋　王雨东　李青峰　史德全　吕　卓　梁文章　李宇鹏　于庆海　吕永昌
吕传泳　李景福　乔一铭　王攀峰　石大永　姬俊峰　贾国喜　吴利生　吴利民
杨志忠　胡安辉　曹中义　胡丽娟　武　冬　王　勇　陆向春　高　静　姬　才
殷文军　王苗祥　王仲文　江俊峰　张丕锋　白玉仁　刘铁铸　秦同文

【内蒙古】

刘井春　褚海东　孙根新　宋仿琛　范健宇　武静安　刘永文　郭迎宾　王浩亮
卢爱琴　乾　坤　白景春　张国华　吕瑞亭　刘世君　周彦明

【北京】

胥荣东　康戈武　徐　杰　于昕洋　肖红艳　酒大雷　姜启超　聂志涛　刘　翊
吕鸣捷　赵安平　尚远宇　王　凯　孙汝贤　牛立新　孙国中　党雪田　高晓光
贾永安　邸国勇　乔　宁　辛　强　刘　铄　程庆余　王　桐　赵天阳　左宇彤
韩俊瑛　孙嘉浜　孙文景　白石羽　德　全　欧　阳　万周迎　徐　鹏　刘路遥
李　谷　左　健　付洪波　成金俊　黄志刚　李　戈　彭　龙　陈　轶　高雪峰
王宝山　王中行　王沥斌　贞　达　孙庆丰　薛　岩　李　迎　张　斌　洛　尘
张　磊　金　微　秦保华　杨文学　王庆年　徐　许　刘福龙　孙国柱　刘满常
于　浩　张国儒　刘万成　于　江

【天津】

崔　巍　于经元　胡向阳　刘宝林　张天龙　张金旺　丁伯立　顾海波　赵文龙
王　诜　王福勇　崔媛媛　马延凯　张聚贵　孙国善

【辽宁】

刘洪刚　任　彬　于万凯　孟　涛　黄中元　高　朋　万　勇　梁　丰　孔德林
潘大庆　王秀如　臧福源　李保刚　薛圣东　孙贵东　袁　波　张　悦　韩宝轩
蒋秀山　侯　明　乔　武　刘英伟　张国志　刘计星　李金友　高　宇　马　畅
郑维钧

【吉林】

张 河 邓宇光 李 银 丁 皓 骆立文 王君波 孟 宇 徐厚祥 佟 冰
倪 郝 赵 耀 郭其武 袁洪范 刘 君

【黑龙江】

佟亮辰 张艳阳 陈玺镔 张指辉 王 皓 宋 梁 郭宝成 陈 斌 刘立国
毕文波 杜伟国 黄忠伟 李 冰 吴 俣 曹志峰 马宏伟

【河南】

张雄鹰 种明生 郭航海 王志远 贾自愿 安呈林 朱利军 释延布 杜长坤
刘启飞 石 勇 王农川 郑营俊 常青州 张 艺 马众森 王占敏 巩建松
倪根上 陈近仁 李朝乾 李紫剑 邢红义 李佩革 刁修华 梁靖予 宋尚军
释延巽 李红林 赖庆新 陈万军 郝跟上 张 帆 恒 勇 王子淳 张亚东
孙明亮 魏淑云 赵振选 王会武 耿 军 买西山 买 威 时晓武 买 勇
买仁萍 仵 锋 马德占 王长明 张伟兵 代忠波 张 玮 段建民 孙保才
李小欣 酒同标 酒小郎 苗轩国 孙和龙 孙随成 焦立武 王建设 刘培兴
苗鸿宝 苗步超 张运生 苗田营 苗富强 杨德民 胥兆飞

【湖北】

徐 斌 张建生 李应龙 刘 杰 石 峰 田 浩 夏四鸿 梁靖予 陈玄机
瞿凤华 秦声浩 严 飞 姜学斌 郑桂桐 胡炳林 李德民 薛兴江 胡圣奎
王卫红 焦通章 徐赐兵 黄亚平 戴珂铭 张 显 刘秋龙 马国平 薛劲松
李志武 丁大益 黄胜文 唐俊虎

【湖南】

苏若鸣 陈开喜 王常秀 张常海 邹 骁 刘建湘 黎昌元 向军华 张继桂
蒋谷川 滕召军

【广西】

黄耀丹 夏 敏 唐晓艺 严翰秀 赖铭强 梁杰乔 张容嘉 廖贤阳

【广东】

于鸿坤　蒋荣杰　任官生　蒋子龙　张俊林　蒋化一　李湘山　刘　泉　沈建杰
余锐镔　张勇强　方　金　陈　执　毕荣俊　刘志坚　靳清江　马廉祯　吴广添
邵剑波　梁伟民　颜志图　吴启贤　陈　伟　王　贵　张梦阳　陈福和　廖锦泉
方应中　陆常康　杨亚国　房向南　陈健志　覃海权　徐　宏　梁柏清　赵刚生
江善祯　房　生　黄　熠　李伟光　贾华兵　王会哲　林国生　吴晓辉　吴立群
冼伟昭　梁文楷　黄仕君　曾奕涵　钟立强　陈会崇　杨柳标　王邦菊　张广辉
刘志添　刘春涛　杨春茂　詹亮清　莫华法　罗浩苑

【深圳】

郑喜平　周　华　李翰青　曹革林　苏洪海　梁　丰　贾永唐　徐百军　连　成
蒋定臻　王继勋

【海南】

梁昌泰　张　雷　李　秀　陈东升

【山东】

高鹏熙　李满利　张松仁　谭京杰　王　刚　马　斌　刘　毅　孙胜辉　周云峰
王玉金　尤明达　厉善祥　刁长俊　周庆春　孙丰玺　许　峰　王芝强　王　斌
刘维明　战文腾　宫智辉　倪德飞　孙思蒙　张　斌　郝代远　史　鼎　康汝宙
郭　宁　张长生　赵延俊　张胜利　张克田　周　游　刘　伟　安宝东　刘军农
董玉明　王景钏　贾友民　张树远　李保庆　王继国　王焱鹏　潘　章　高　承
李万温　张卫东　王宏全　王　伟　梁国爱　李海涛　李飞林　刘连洋　王国川
郑中华　张彦营　姚　磊　刘东强　白正刚　吕延波　洪卫国　张延斌　谷志强
孙晞棠　赵国忠　邓　桦　曹广超　周　琦　陈　雷　泰　祯　李安国　郭英新
徐西林　董志忠　张乐华　孙瑞全　张元海　刘龙昌　谭凯文　冯长源　杨　雷
张　涛　李其胜　梁殿品　张祥泽　朱宗启　薛士玉　杜孝伟　朱永强　樊　霄
杨圆义　刘道毅　李若现　王立岩　要学良　刘圭生　郭玉刚　张　鹰　李金顺
彭维利

【江苏】

杨　忠　窦小彦　许　忠　江其林　兰顺林　王存果　刘季月　周晓明　卜照生
张　亮　马　伟　时丕昌　师厚春　徐　帆　林圆龙　梁　雪　王新跃　谢逸繁
李　胜　解建昌　张爱成　沈枫涛　翟爱武　王吉波　张爱春　王海港　胥子连
毕明府　程　明　刘　通　陈军民　虞洪涛　张　滇　陈灏梁　景怀义　韩运疆
宫翠峰

【浙江】

仇富军　吕　亮　倪顺坚　孙　吉　杨秦健　张　斌　金　翰　王良辰　李继红
蔡德强　戴有木　张青松　马俊成　刘　柱　俞永辉　刘立存　李诚勤　张　俊
高宜挺　许科军　俞佐清　顾　坚　王圣华　刘小峰　杨　华　陈碧如　邓显群
顿鹏辉　江　澜　王一静　姚步高　江敏华　王纪杰　蒋　文　陈宇阳　钱周锋
周　明　蒋仲清　陈幼根　周　锋　陈沛宝　赵　青　凌风子　景　然　周美良
潘小江　卢成昌　潘石弟　凌懿文

【福建】

王福民　蔡卫权　倪忠森　王振河　张祖永　蒋秀山　许剑云　陈向荣　孟庆贺
连国汉　林　峰　俞景耀　陈恒演　涂智兴　罗建晖　林和顺　胡文辉　梁　涛
林建栋　吕信明　周　攀　杨　晗　刘有春

【安徽】

胡春泉　曹　军　钱军帅　祝安园　聂红松　江　奎　魏　冰　毛立欢　冯　皓
欧阳兴业　马　林　铁中玉　刘俊杰　王靖华　武爱东　陈晓东　徐永银
吴　笛　陈　军　赵　飙　张宏华　王　磊　吴　昊　胡卫东　吴　伟　谭全胜
刘法志　汪　泉　乔长良　朱红军　杨纯生　卫　存　卢　杰　秦　琥　王学东
聂　刚　曹其根　曹季泉　曹加才　纪良发　曹　凯　董德霖　张　博

【江西】

熊庆云　钟水清　李舒霖　郭木青　王联军　唐毓堃　张功燚　李江明　屈　群
刘　超　应宗强　李洋洋　陈　军　乐　繁　代建国　钟祥明　虞法志　章新尧
林爱兵　林国生　刘炳开　童加清　李曦初　李海斌　王禹平　崔瑞郡　李广华

【上海】

林　杰　谭振勇　朱长跃　樊永平　杨雨辰　金培贤　金俊达　尹　捷　薛怡平
鞠学东　阚水源　凌先生　孙连盛　杨志承　孙经纬　王宝财　谢琦辉　刘　志
何轻舟　吴爱民　宋　旭　游　清　释永照　董家良　董纲成　陆龙祥　陈海光
梅永福

【陕西】

李　钢　张　钢　郭华东　邵　华　杨俊伟　罗　德　董安强　贺元瑞　杜群喜
杨伟峰　王晨生　杨　坚　白永东　孙　武　陈少纯　郭桂荣

【甘肃】

郝心莲　辛富国　金　宏　李宝才　温世杰　马　伟　汪子竣

【宁夏】

杨文舜　梁杰乔　吴　涛

【青海】

马宏伟　朱春明

【新疆】

赖宝珊　任　军　黄尘哲　张新民

【云南】

黎丽辉　曾　瀚　李太宏　鄢　博　赵顺军　张晨光　叶昆生

【贵州】

杨绍平　谢明宇　刘　曦　孙鲁龙　黄　檗　刘庆涛　曾昭弟

【四川】

侯　毅　古海啸　梁军民　金　亚　李　阳　周新杰　罗　斌　王伟骅　陈兴均
曹　卉　兰　唯　唐博文　郭　建　邱湘彭　罗小波　唐　昶　黄趾洲　温昌奇

【重庆】

罗　明　徐泉森　罗先雄　曹晓东　陈治军　张文欣　张宗华　周光华　黄文才
吴洪明　刘天海　袁一晋

【香港】

李健雄　Mehdi　谢永铭

【台湾】

杨正隆

【其他国家】

黄少武　王振身　陈　闯　龙勿用　胡耀武　柳寿晨　容光远　张立彪　甲斐正也
村上正洋　片桐阳　马永光

特别鸣谢

李金明　王彩鲜　李延春　庞明泉　李　翔　智晓园　于　芳　张　梅　周兰英
安　毅　王新瑞　李克宣　崔并花　杜崇开　刘　洽　张　昭　李继光　薛思问
杨春兰　李　懿　邹德发　吴世勋　高友孝　刘瑞荫　黄兴发　王云山及其姐
袁树礼　郭荣珍　耿爱梅　刘丽俊　郝富义　李补鱼　郝锦园　杨桂芳　杨洪喜
刘怀玉　钟雪友　蔡震升　伦怡馨　高　瑛　李龙城　张魁武　柳百成　张德生
李建勇　贺国安　王慧琴　冯银刚　韩太民　韩原民　曹东红　王　浩　韩常林
韩焕茹　尤素娥　赵海凤　胡玉洁　张桂兰　田喜凤　郭宝芳　魏宏斌　袁建斌
郭　宏　马润生　冯骑明　阎文辉　焦清华　王秀丽　郭　刚　韩秀英　卢冬光
张雪刚　尹贵龙　范阿宝　朱建华　巩爱平　胡建彪　何建东　郝宪伟　郝建邦
郭仁实　高澍芃　江敬斌　薄建东　郑　炜　周　宏　吕　毅　徐用生　田春林
李　明　师维勇　韩小华　尹小玲　赵学毅　刘巧莲　任建玲　赵媛凤　义瑞珍
张玉香　张秀玲　魏巧燕　王小源　海晓霞　刘庆林　赵丽华　徐　静　姚书典
殷　岩　王小根　王海英　宁晚林　胡玉亭　乔　栋　田振山　林　纲　赵大春
朱　峻　王民忠　李　刚　顾武安　李　峰　章　青　叶林忠　贾云杰　许树华
杜　箐　刀京梅　孙慧敏　姜淑霞　王占伟　王艳玲　常学刚　梁伟民　王跃平
冉宏伟　王　蓉　苑博洋　胡志华　李博伦　宋杨萍　韩　翔　田海英
恩师朱华先生、师母冀秀珍女士
父亲崔官禄、母亲王玉莲及兄弟姐妹各家人

目录

拳法真传合编——东部

提要

《新著拳法真传合编》，四册，手书稿本，字体行楷相间，总体工整。原书共六册，以上部、东部、西部、南部、北部、下部区分，每册分述不同拳法，目前仅存上部、东部、西部、下部。总览现存的四册可知，作者应为徐玉温，写于民国二十三年（1934年），但从字迹上看，四册又似乎不是同一人所写，具体情况待考。四册均有污损，整体上不影响阅读，个别处字迹缺失或难以辨识。

《新著拳法真传合编》（以下简称《合编》）上部扉页题名为《梁达摩掸腿释义正宗》，而目录中则名为《新著掸腿释义正宗》，后文的序也为《新著掸腿释义正宗序》。全书无图，纯以文字阐述。另外，本册载有《新著拳法真传合编总目》，有助于了解《合编》全书的内容结构。

《合编》东部扉页题名为《梁达摩二十四式并二十四式行拳》，而文中则名为《拳术二十四式》和《二十四式行拳》。全书无图，纯以文字阐述拳术二十四式和二十四式行拳两部分内容，并且这两部分内容又均有各自的目录和内容。

《合编》下部扉页题名为《清顾焕章子母同备拳》，后文则为“子母同备拳”。子母同备拳内容之后，续有《重著捷拳新编》。对此，上部中有所说明。全书无图，纯以文字阐述。

《合编》四册均存在内容逻辑相对清晰，但细节处理较为简单的问题，一定程度上影响了阅读体验。

民國甲戌年

孚蘇氏手定

新著

拳藝真傳合編

東部

梁達摩二十四式併二十四式行拳

新著拳術二十四式卷一

古莫徐玉溫子龢氏手編

徐作鈺 字式御 湖北商陸

受業 李文厚 字子然 直隸遵化 仝較

金錫恩 字壽荣 北平

陳鍾岳 字秀峯 銅仁縣

目錄

二十四式手法名色註解

二十四式舞法名目

二十四式一技共有七十二手

拳術二十四式序

上古結繩記事蒼頡制字代繩且上古之世而無文字也蒼頡者本軒轅
黃帝之史官也察鳥獸之跡虫蟻之文體類象形而制字以代結繩之
政為昔者太古之民穴居野處而無妒傷之心逮後人民機智而物始為
敵爪牙角毒縣不足以勝禽獸故黃帝審異類之忿爭野物之悍鬪
暴動之性生之自有於是揣情會意而著武功用以禦敵防患者也
蓋蒼頡制文字代繩文字皆归六書黃帝著武功防患武功盡屬八
式文興武偹由蒼頡黃帝二聖為始也夫黃帝固天將降之聖人也代

神農而治天下觀鳥獸之類龍搏鳳啄虎噬鯨吞犯之奮武即鬭知覺預防蓋天賦之良能也乃黃帝修德振兵教以熊羆貔貅貙虎六獸赴敵而鬭與榆罔戰於阪泉之野三戰然後得志若此六獸者皆能習陣鬭臨行伍況於為人者乎布陣戰征之策由黃帝為先有也迨晉朝梁武帝之旹天竺異人達摩者有道術深明武功止於嵩山少林寺法傳內外之道於信能惠可等內則養氣絕粒辟穀之方外則即武術黃帝八式之法也達摩明二儀之功三才之道由黃帝八式之法一倍而生三者三八二十有四也故其拳技名謂二十四式是以命名之義也

取其一太極生兩儀陰陽化生之道也天道春夏秋冬四時之運轉武術生克治化八式相生其理一也春則萬物發生夏則萬物暢茂秋則萬物收斂冬則萬物閉藏春夏秋冬功用之四時若武術中氣貫意注動作神速捉虎擒龍運奇設伏靜動生伏機生於八式立春々分立夏々至立秋々分立冬々至此為歲月八節白蛇吐心丹鳳朝陽韓盧搏兔玉貓捕鼠虎撲龍搏雁介雞拳此為武術八式正月立春雨水二月驚蟄春分三月清明穀雨四月立夏小滿五月芒種夏至六月小暑大暑七月立秋處暑八月白露秋分九月寒露霜降十月立冬小雪十一月大雪

冬至十二月小寒大寒此天道流行二十四節也金龍合口蛟龍探爪伏燕雙飛玉龍冲霄金蟬脫殼黑虎攔路白蛇當道雙星落地鷲蛟投水虎臥鳳閣蛟龍归海龍遊海底剁山落鳳黃龍轉身蛟龍出水鳳立丹山青龍擺尾白鶴展翅雙雁落地一鶴飛天金龍縮爪蟠龍吞蛛怪蟒翻身蛟龍戲海此武術運用二十四式也且二十四式一技共有七十手獨取名二十四式何也猶之乎一年之內二十四節凡三百有六十之日也天道四時循環運轉無窮武術八式變化相生不竭道則懸殊其揆一也

余自幼好習武術於二十四式一技是先務擊技數年未曉此拳技之
名因何所取義二十四式之名稱原係何人遺留請業於武師、但
閉目搖頭默而未言考正於友、則張口結舌欲言未能後尋訪
知者雖遇一二相告者終是望空撲影偏聽則暗胡塗四十年未逢乎
挑至年近花甲性而好古閱之綱目記載黃帝作指南車擒蚩尤於
涿鹿教六獸戰勝榆罔於阪泉得知黃帝造刀戟興武術而有八式之
法考之傳燈錄有達摩者法止嵩山少林寺傳內外之法得知二十四
式技達摩法黃帝八式相生而作武術一事傳至於今少林寺為基

地之源也余本庸才所見甚稀由格物而推出未知是否惟恐妄作
貽哂頗智者幸開覺路渡我迷津是禱

旹逢

民國二十有三年歲次甲戌端陽節錄於南阜小村東蘐小

書齋南軒之下

于龢氏 敬撰併

書

二十四式手法名色註解

註釋

第一手　金龍合口

叉手式

第二手　金龍探爪

第三手　伏燕雙飛

第四手　玉龍沖霄

昔達摩用以叉手出式至　宋趙太祖登基以天子為龍改叉手式為金龍合口是以命名之義也　叉手　温庭筠八叉其手而詩成

如金龍探爪之形　手法名色之義不過是會意象形也其餘皆倣此

如玉燕一落伏於地忽而驚起以並雙飛之狀

如玉龍上升霄漢之狀

第五手 金龍合口

叉手式

第六手 掐海尋龍

第七手 撥雲挑月

第八手 木手掐吳

註前第一手

昔晉朝武帝昔張華丞相與雷煥皆佩劍同舟過延平津劍忽躍出匣中入水急使人入水求之不得惟見兩龍張鬚相向五色炳耀使人恐懼而退此手名色形象取故事之意也

問手 非問此手〻法名色着術之運用乃問此手以此手繼續相生〻〻下手之意也

兩手揮舞如撥雲挑月之形

公輸子名班魯之巧人也怨吳人殺其父作木仙掐吳大旱三年吳人備物謝之乃斷木仙一手吳地大雨

第九手　金蛇蟠谷

第十一手　天花墜地

第十二手　金蟬脫殼

第十三手　黑虎攔路

第十四手　白蛇當道

如金蛇攪尾蟠於山谷之間

梁異僧雲光法師於天龍寺誦經天雨寶花繽紛而下

如金蟬脫卻形殼之意

晉董奉字君異侯官人居廬山有道術為人治病不取錢愈者令種杏五株輕者一株數年成林子熟時作一倉令買者隨器之大小易以穀若置穀少取杏多黑虎輒吼逐之所得穀悉以賑貧者歲消三千斛倉穀尚有餘

漢高祖劉邦字季隆準斗胃龍顔初為泗

第十五手　青龍雙探爪

第十六手　雙星落地

第十七手　驚蛇投水

第十八手　虎臥鳳閣

第十九手　驚秦繞柱

上亭長季被酒夜徑澤中有大蛇當道季拔
劍斬之有老嫗夜哭曰吾子白帝子也化為蛇
當道今為赤帝子所殺嫗忽不見

如青龍雙探兩爪之形

如天降下雙星墜落於地之形

如陸地驚蛇愴惶投水之狀

諺云有龍天門虎臥鳳閣之說

史記　燕太子丹命荊軻入秦刺秦王嘗預求天下
之利匕首以藥淬之以試人血濡縷無不立死者軻以

第二十手　龍遊海底

第二十一手　荊山落鳳

獻之輿圖為名至咸陽見秦王捧圖以進圖窮
而匕首見把王袖而揕之未至身王驚起軻
逐王環柱而走

有鳳巢阿閣上龍遊海底還之句

昔日楚卞和見荊山之下有鳳凰落於石上和乃
壽春人得荊山璞玉獻之厲王以為詐刖左足
又獻之武王以為詐刖其右足文王即位和抱璞
玉泣血而前曰臣非悲刖寶玉而題之以石貞士而
名之以詐所以悲也王使玉人琢之果得璧封零
陵侯不受至秦始皇二十六年令良工琢為

玉璽命李斯篆文八字于其上云受命于
天既壽永昌方圓四寸上鐫五龍交鈕旁
缺一角以黄金鑲之至王莽篡逆孝元皇太后
將印打王尋蘇献崩其一角

第二十二手猛虎入穴

形如猛虎入穴之狀

第二十三手荆山落鳳

註前

第二十四手黄龍轉身

如黄龍正轉身形之狀

第二十五手擊海寻龍

與前六手掐海寻龍故事同

第二十六手 兎卧杏林

第二十七手 疾雷震耳

第二十八手 御石沉海

第二十九手 蛟龍轉身三出水

與前十三手黑兎搶路故事同

如疾雷發聲之速震驚人耳

山海經 炎帝之女遊東海溺死化為禽名曰精衛鳥常御西山木石以填東海

龍乃水中之神物善能變化能大能小能升能隱大則興雲吐霧小則隱介藏形升則飛騰於宇宙之間隱則潛伏於波濤之內蛟龍得雲雨終非池中物也轉身三返出水之狀

第三十手　同上

第三十一手　同上

第三十二手　凰立丹山　有凰立丹山鳴曉日之句

二十四式後半手法名色註解

註釋

第三十三手　黃龍轉身　註前二十四手

第三十四手　凰立丹山　註前

第三十五手　左右青龍雙擺尾

如青龍左右擺尾之狀

第三十六手　同上

第三十七手　群鴻落海

如羣鴻飛舞忽而落海之狀

第三十八手　金龍卧地

如金龍在地伏卧之狀

第三十九手　金鳳擺尾

如金鳳擺尾之狀

第四十手　仙人閉洞

如仙人閉封洞門之狀

第四十一手　白鶴展翅

如白鶴展翅飛騰之狀

第四十二手 仙人闲洞
註上
第四十三手 龍遊海底
註上
第四十四手 嬌雷震地
如霹雷暴烈之声响震於地
第四十五手 金鳳擺尾
註上
第四十六手 仙人闲洞
註上
第四十七手 白鸝展翅
註上
第四十八手 仙人闲洞
註上
第四十九手 龍遊海底
註上

第五十手 嬌雷三震地
第五十一手 白蛇吐心
第五十二手 二龍尋海
第五十三手 荊山棲鳳
第五十四手 二龍尋海
第五十五手 荊山棲鳳
第五十六手 鳴金擊玉
第五十七手 雙晃落地

如霹雷暴烈之声三响而震地
如白蛇吐舌戳物之形
如二龍継續尋行入海之状
註前二十一手荊山落鳳故事
註前
註前
兩手相擊有声响徹如鳴金擊玉之音
漢顯宗時王喬為縣令有神術每朔望朝帝

怪其來數不見車馬密令太史伺之言其臨至
有雙鳧從南飛來於是舉羅張之但得雙
舄詔尚方視則所賜尚方履也

第五十八手　木鳶飛天一名一鶴飛天

公輸子魯之巧人也即魯班嘗作木鳶飛天至
三日而不下

第五十九手　金龍縮爪

如金龍回縮拳爪之形

第六十手　蟠龍戲蛛

如蟠龍臥戲蜘蛛之形

第六十一手　掐日高陞

掐日謂陞遷之日可掐而定也

第六十二手　怪蟒翻身

如怪蟒忽而翻身之狀

第六十三手 同上

第六十四手 蛟龍戲海

第六十五手 獨占鰲頭

第六十六手 捉兕式

第六十七手 雙燕投懷

第六十八手 黃龍鼓浪

龍能治水如攪尾戲海興雲雨之狀

宋蘇東坡先生詩高文俱合在鰲頭

兩手握拳如擒捉猛兕之狀

有娀氏女曰簡狄祈於高禖有雙飛燕投懷之祥而生契為舜司徒

開元遺事唐 張說之母夢玉燕投懷及孕而生說

如黃龍在海內鼓舞波浪之形

第六十九手　龍臥天门

如龍臥天门有坐守之意

收式三手

第一手　迎门拒兕

諺云禍去禍又至如前门拒兕後门進狼

迎门拒兕如敵面禦擋之意

第二手　仙人指路

如迷路忽遇仙人以手而指

第三手　懷中布月

如盤古氏懷中布月之状

二十四式舞法名目

第一手　金龍合口俗名叉手式

抱拳出式走三步上正場並步左手掌仰着右手掌立着放在左手掌心當中兩掌放在胸前

第二手　金龍探爪俗名踢手強掌

不動並步右手掌伸開往前指左手掌手心向下藏在右手腕下

第三手　伏燕雙飛俗名並步指掌

右手掌往上挑鋪下左步右手從後边過來上右步並着左右兩手從地皮隨步走翻上去將兩手勾子手放開变成掌左手掌在前直伸右手掌在肩頭

第四手　玉龍冲霄俗名点步冲天掌

右手掌往下一摟右步往後一撤左步往下左手掌手心向下盖臉面捺下去右手從後边轉上去勾子手直伸立着長起身形來點左步大架胸膈身面向前立正然後兩手一变右手

第五手 金龍合口俗名 又手式

第六手 指海尋龍俗名 悶手

第七手 撥雲挑月俗名 挑手单鞭

第八手 木手指吴俗名 並步揮掌

第九手 金蛇蟠谷俗名 磨盤式

勾子手变掌直立左手掌一翻手心向上在胸前

左步點着大架仍然不動其餘与頭手無異

放左步供步其餘与二手金龍探爪無異

右手往上一挑轉在後勾子手直伸上右步又上左步並

着步左手掌挑出在前直伸此手向越门走

往後卸右步供左步卸左步供右步卸右步並步卸步

皆兩手原式不動並步點下皆右手勾子手揮出變

掌直立伸着左手归護又肩掌

往後上左步又上右步右手掌伸開手心向下身飛蹲下

下去落右步归騎馬式右手掌横絃過来左手掌

護又肩不動此是正轉身

第十手　天花墜地俗名攬手盖掌

先攬右手後攬左手如跨虎一般然後左手掌從上盖下来左步丁着此是为回来落在出式原地徹〻偏占越门

第十一手　嬌雷震地俗名分掌跳架盖腿

左手往下一摟左步一提一落跳架将右步顛起来右手掌拍右足面見响抬了足提步不落右手掌在前直伸左手後边勾子手直伸此架謂之提步单鞭

第十二手　金蟬脫殼又名仙人脫影又名風擺荷葉俗名顛架双蹿手

往原门徹跳架徹右步又徹左步横着徹越正归原両手掌輪開盖脸而過過去一齐往下落〻平右手在前左手在後騎馬式不動步轉成左步供步右手勾子手随右步貼地走〻上去直举着再安掌左手掌護肩

第十三手　黑虎攔路俗名供步攔掌

不動步轉成左步供步右手勾子手随右步貼地走〻上去直举着再安掌左手掌護肩

第十四手白蛇當道俗名
摟手丁架单鞭

第十五手青龍探爪又
名彩鳳双飛
俗名雞拳式

第十六手雙星落地俗
名落齊行

第十七手鷺鷥投水又名
蛟龍投海俗
名還齊行

第十八手虎卧鳳阁俗
名丁架倒收山

架不動上右步丁架右手往後摟勾子手直伸左手
掌在前直伸

放右步鋪地兩手〻心向上貼地隨步走上左步並步大架
身形直立兩手勾子手下垂兩手伸開齊着如拱揖
之狀

上右步騎馬式兩手往下一落變拳右手拳在前左手
拳在後平放着

往前跳左步又上右步双拳輪開盖臉面過去兩拳如
前式

左手伸開刁手回勾子手在後直伸右步撤回归丁架
右手盖臉面過來归護肩掌

第十九手 驚秦繞柱又名 蛟龍繞海俗名 刁手雲沒掌

第二十手 龍游海底俗名 鋪地錦

第二十一手 荊山落鳳俗名 挑手單鞭

第二十二手 猛虎入穴俗名 卸步穿手

上右步騎馬式右手橫紘、開手心向下叩着一刁手又上左步騎馬式左手橫紘、開手心向上仰着又上右步投步蟠架將右手穿出後边照着左手掌護肩

上左步鋪下步左手順步穿出右手後边勾子手直伸

左手往上挑上右步大步從左耳边輪過来轉在後边勾子手直伸右手掌隨右步走從下往上挑、平了在前直伸上左步丁架正轉身此一手在越门角

兩手原式不動卸左步供右步卸右步供左步此皆再穿手右手穿出左手倒轉過身来鋪下右步左手後边變勾子手直伸右手隨右步穿出

第二十三手 剁山落鳳俗
名挑手單鞭

第二十四手 黃龍轉身俗
名轉身穿手
擒拿

第二十五手 擊海尋龍俗
名詐法擒拿

第二十六手 虎卧杏林俗名
丁架正收山

直伸出手橫走向原門角上走
右手從上往上一挑從右耳邊過來轉入後勾子手
直伸上左步丁架左手隨左步走左手掌從下
往上挑挑平掌直伸
正轉身上左步騎馬式左手穿出右手在後邊照
看左手掌伸開微往下指
上右步轉身落騎馬式身一轉背兩手掌一拍見
响然後右手掌伸開微往下指左手掌後邊照看
往後一撤右步丁架右手隨右步勾子手往外一勾伸
開左手蓋臉面過來歸護肩掌

第二十七手 疾雷震耳俗名
攬手十字蓋腿

第二十八手 啣石沉海俗名
摟手蓋掌

第二十九手 蛟龍轉身三出水俗名
要手供步蓋面掌

右步又上左步先攬右手後攬左手右手從下边摟手在後勾子手直伸上右步往上踢左手掌一拍右足面見响打了足右步提着不落左手掌在前右手勾子手前後直伸微停

左手勾子手一摟在後边直伸右手掌一蓋上右步落騎馬式右手與右步一齊落下

不動步轉成右步供步右手回來蓋臉面披出去直放是掌左手勾子手在後直伸倒轉身往回裏轉右手穿出左手是掌直伸右步提着右手归護眉掌一伏身右步鋪下右手掌隨步往前一穿就成右步供步左手掌後边變勾子手直伸

第三十手 同上

第三十一手 同上

不動步轉成左步供步左手回來盖脸面披出去直放是掌右手勾子手在後直伸正轉身往回裹轉左手穿出右手是掌直伸左步提着左手归護肩掌一伏身左步鋪下左手掌随步往前一穿就成左步供步右手掌後边變勾子手直伸

不動步轉成右步供步右手回來盖脸面披出去直放是掌此名要手左手勾子手在後直伸倒轉身往回裹轉右手穿出左手是掌直伸右步提着右手归護肩掌一伏身右步鋪下右手掌随步往前一穿就成右步供步左手掌後边變勾子手直伸

第三十二手 鳳立丹山俗名挑手大架單鞭

上左步又上右步点着此是正轉身過来在越门角上跕着右手從下往上挑貼右耳边轉入後边勾子手直伸左手掌從下往上挑平了在前直伸是掌

惟此二十四式一技不論揭數分有前半套後半套之說至此屬乃是前半套

二十四式後半套接前半

原式不動卸右步供左步正轉身左手穿出右手掌直伸

第三十三手 黃龍轉身俗名提步穿手

左掌護肩掌提起左步来落左步鋪步

第三十四手 鳳立丹山俗名挑手大架單鞭

左手隨步走掌往前一穿步起来立背上右步並步点着亦可大架左手從下往上一挑從左耳边過来轉入後

勾子手直伸右手掌從下往上挑隨步走挑平掌在前直伸此一手點在原門角上

第三十五手　左右青龍雙擺尾俗名左右攔手

卸左步又卸右步橫着卸步右手勾左手掌橫紘過來右手掌護肩外從西向東練倒轉身面向南供左步左手掌在面前橫照着手心向下

第三十六手　左右青龍雙擺尾俗名左右攔手

卸右步又卸左步橫着卸步左手勾右手掌橫紘過來左手掌護肩外從西向東練正轉身、往南轉面向北供右步右手掌在面前橫照着手心向下

第三十七手　羣鴻落海俗名攬手金龍合口

往後徹左步上正門兩手攬、直了先攬右手從下轉上落下來右手形如往前一披再轉下些左手從下轉上又落下歸金龍合口右手在下左手在上又徹右步子下架面正向後此一手在三門

第三十八手　金龍卧地俗名鋪步擒拿　放右步鋪下右手順步捎着左手掌後边照着

第三十九手　金鳳擺尾俗名挑手轉身丁架　右手順右步往上一挑上左步轉身又上右步丁架面向前跕在正门出式處往原门向着

第四十手　仙人閑洞俗名鎖手丁架　左右兩手從右步兩边往上一捧兩手相搭一處右手在下左手在上放在右步胳膝盖上

第四十一手　白鶴展翅俗名跳架双促手　右步往前一放上左步跳架兩手往上一促、閑落右步供步兩手勾子手在後直伸眼往後看跳在越门上

第四十二手　仙人閑洞俗名鎖手丁架　上左步丁下架左右兩手從左步兩边往上一捧兩手相搭一處右手在下左手在上放在左步胳膝盖上

第四十三手　龍遊海衣　俗名鋪地錦

左手穿出右手、之向上忽然一變勾子手在後直伸放在左步鋪步左手掌順步直伸排手是掌在前直立左步由鋪步轉成供步此手謂供步单鞭

第四十四手　嬌雷震地　俗名行步盖腿

左手往後一摟在後边勾子手直伸上右步又上右步又上右步往上踢右手打右足面見响打穩步的打了足右步提着右手在前直伸是掌左手是句子手直伸微〻停〻此手謂之提步单鞭

第四十五手　金鳳擺尾　俗名轉身丁架

卸落右步轉過身来面向前　丁下左步此手在趟門閃上

第四十六手　仙人閉洞　俗名鎖手丁架

左右兩手從左步兩边往上一捧兩手相搭一處右手在下左手在上放在左步膝盖上

第四十七手白鶴展翅俗名跳架進又征手

放左步向前跳右步兩手一征、閉落左步供步兩手勾子手在後直伸眼往後看跳在原门

第四十八手仙人閉洞俗名鎖手丁架

上右步丁下架左右兩手從右步兩边往上一捧兩手相搭一處右手在 左手在下放在右步胳膝蓋上

第四十九手龍遊海底俗名鋪地錦

右手穿出左手、心向上忽然變勾子手在後直伸放上右步鋪步右手掌順步直伸挑出是掌在前直立右步由鋪步轉成供步時一手謂供步单鞭

第五十手嬌雷三震地俗名連三詐法拍腿

右手往後一摟在後边勾子手直伸上左步又上右步又上左步進上踢左手打左足面見响

第五十一手白蛇吐心又名跨虎登山俗名倒顛步丁架

第五十二手二龍寻海俗名卸步穿手

打穏的落左步顛架两手一掐見响是謂訣法又右手打右足面見响三响連声打了右足面右步提着落倒顛架

右步落下倒顛架徹在正门上右手刁手紜過来勾子手叠肩在腋下左手掌裏左步走左步落丁架左手〻心向上往外翻着看在眼前看着此謂白蛇吐心　如走跨虎登山右手勾子手後边伸着

左手掌直伸出右手後边勾子手直伸卸右步供左步卸左步供右步左手穿出右手後边眍着看左手雍又肩掌

第五十三手 荆山棲鳳俗名
挑手丁架单鞭

第五十四手 二龍尋海俗名
卸步穿手

第五十五手 荆山棲鳳俗名
挑手丁架单鞭

第五十六手 鳴金擊玉俗名
刁手貫耳

往前一轉身左步往前一鋪左手從下往上挑從左耳边輪過来後边勾子手直伸右手從下往上挑平了直伸是掌右步丁架右手順步走从東往西練面向北右手掌直伸出左手後边勾子手直伸卸左步供右步卸右步供着右手穿出左手後边照着右手護肩掌

往前一轉身右步往前鋪下右手從下往上挑從右耳边輪過一来後边勾子手直伸左手從下往上挑平了直伸是掌左步丁架左手從左步走从東往西練面向南此是在正门上

往前鋪左步左手一刁上右步又上左步並步左手掌拍右手拳見响

第五十七手　雙晃落地俗名
攬手正收山
第五十八手　一鶴飛天俗名
提步揮天掌
第五十九手　金龍縮小俗
名勾手提步
第六十手　蟠龍戲蛛俗名
丁架鳳頭掌
第六十一手　指日高陞俗名
提步單鞭

左右手一攬、開如跨虎一般往後撤左步又撤右
步丁架右手勾子手左手護肩掌
右步一提右手勾子手變掌往上一展掌往上直
伸左手護肩掌
右手落下轉入後勾子手直伸右步一居急將左步
提起右步落旹左手往外一伸左步提旹左手往回
一屈勾子手往下勾着
右步往下一丁左手月牙掌伸出又謂龍頭掌
左步提起左手變掌在前直伸右手勾子手在後直
伸着

第六十二手　怪蟒翻身俗名　翻身披盖

左提步往後落左手往回裏一披又往回裏上右步落騎馬式右手掌盖過来直伸左手勾子手直伸正翻身

第六十三手　怪蟒翻身俗名　翻身披盖

右提步往前落右手往回裏一披又往回裏上左步落騎馬式左手掌盖過来直伸右手勾子手直伸倒翻身

第六十四手　蛟龍戲海俗名　提步攬天鍾

右步提起来右手拳在右步着随步往外一翻在上边舉着左手掌盖脸面過归護肩掌

第六十五手　獨占鰲頭又名　丹鳳朝陽名　提步冲天鍾

右步落顛架轉過身来正轉身左手掌往前边往下一盖左手立当提起来

第六十六手　捉虎式俗名巔架双提步

左步一落右步又提起来两手抱着右步上来變成拳两手皆是拳放在右步胳膝盖上

第六十七手　雙燕投怀俗名雙鎚入胳

往前落右步供步左右两手拳並着一齊往前推打

第六十八手　黄龍鼓浪俗名轉身摟手插拳

正轉身往後卸左步又卸右步左步供着面轉過来左手往下一摟又轉上在面前照着右手拳打出此是打插拳

第六十九手　龍卧天门俗名丁架伸掌又名丁架冲天掌

右手往下一摟撤左步丁架右手掌往上直舒左手掌護肩

收式三手列後

第一手迎門拒虎俗名盖手强打

左步一枚落騎馬式右手往前一盖左手拳打出右手拳疊腰间

第二手仙人指路俗名並步指掌

右步往前一归並步右手掌轉上後边照着左手掌在前直伸

第三手懷中布月俗名抱拳收式

往後撤右步點着左步兩手一落下變成拳兩手並放在胃前虎口皆向上

二十四式一技共有七十二手收式三手在内

原本此页无内容

新著二十四式行拳卷一

古莫徐玉温子龢氏手編

徐作鈺字式卿 湖北商陸

受業 李文厚字子然 直隸遵化 同較

金錫恩字壽榮 北平

陳鍾岳字秀峯 銅仁縣

目錄

二十四式行拳共論八大明着
二十四式行拳每摠手法名色数目若干
二十四式行拳手法名色註解
二十四式行拳舞法名目

二十四式行拳序

夫達摩者乃為武術之聖由黃帝八式之法推出二十四式一技手法精奇拳術工穩其妙不可勝言也妙手多端生之不竭由二十四式拳技中又編造出二十四式內一行拳其技精良更覺高出於二十四式也技分為二實相聯屬則一也蓋此拳列分攜數有六明着有八全拳一劇手法名目其數共計一百七十手手〻皆妙着〻精絕令人有不測之機包藏變化之巧若第一攜中登雲式迎門拒虎白鶴展翅卞氏擊虎若第二攜中捉龍式惡虎過澗虎

撲式玉龍纏腕乃八大明着也然而此八大明着獨列於第二
摥中何者奈惟此兩摥對打相接遮過縱而故獨講其八大着
也倘遇兩家比試抵手相搏角低昂者着無不捷法無不奇絕衆
必能勝人也餘者手術若干雖佳列於其後四摥之內勿煩多論也
余愛其拳一技法妙機圓運用便利故手法特加名色以誌之於
是乎書
民國二十有三年歲次甲戌夏四月上澣之日書南阜村棗蔭小
書齋南窗之下　愛劍道人手撰

二十四式行拳共講八大明看

第一搨　第十八手登雲式　第十九手迎門拒虎　第二十手白鶴展翅

第二十一手卞莊三擊虎　四着是也

第二搨　第六手捉龍式　第七手惡虎過澗　第十手虎撲式

第十四手玉龍纏腕　四着是也

此拳遞過相接惟此第一第二兩搨故講八大明看其餘明看

到手雖多勿煩多論也

二十四式行拳每揚手法名色数目若干

第一揚三十九手

第二揚二十五手

第三揚二十三手

第四揚二十七手

第五揚二十五手

第六揚二十七手

收式四手

六揚併收式共合一百七十手

二十四式行拳手法名色註解

註釋

第一揚

第一手 金龍合口

第二手 金龍探爪

註二十四式第一手第二手

第三手 蛟龍探海

如蛟龍以爪探海之狀

第四手 金鵰雙展翅

金鵰鳥名又名鷲鳥黑色羽可為箭如金鵰兩翅相展

第五手 丹鳳獨立

如丹鳳獨立於丹山之狀

第六手 驚秦繞柱　註二十四式十九手

第七手 蟠龍式　如龍蟠卧之形

第八手 海底撈沙　如從海底中以手撈沙之勢

第九手 金蛇攪尾　如金蛇攪尾之形

第十手 丹鳳獨立　註前

第十一手 驚秦繞柱　註前

第十二手 蟠龍式　註前

第十三手 海底撈沙　註前

第十四手 金蛇攪尾

註前

第十五手 丹鳳獨立

註前

第十六手 驚秦繞柱

註前

第十七手 蟠龍式

註前

第十八手 登雲式

身形高起輕提如登雲之勢故謂之登雲式

第十九手 迎門拒虎

註二十四式收式第一手

第二十手 白鶴展翅

註二十四式四十一手

第二十一手 卞莊三擊虎

卞莊子魯卞邑大夫曾叔振鐸之後支庶食采於卞因以氏爲性好勇力能刺虎事母孝母在三戰三北母死三

年興師伐齊六莊子請從遂奮勇三獲其首而塞責
如六莊子遇兇以手三擊之狀

第二十二手　足握蛟龍
如以足握錫蛟龍之狀

第二十三手　擊兇式
如以手擊兇之狀

第二十四手　金龍反爪
如金龍反爪探物之形

第二十五手　金蛇攪尾　詳前

第二十六手　六莊三擊兇　詳前

第二十七手　足握蛟龍　詳前

第二十八手　擊兇式　詳前

第二十九手 金龍反爪 註前

第三十手 金蛇攪尾 註前

第三十一手 丹鳳獨立 註前

第三十二手 驚秦繞柱 註前

第三十三手 蟠龍式 註前

第三十四手 龍遊海底 註二十四式第二十手

第三十五手 虎臥鳳閣 註二十四式第十八手

第三十六手 驚秦繞柱 註前

第三十七手 蛟龍探海 註前

第三十八手 金鵰雙展翅 註前

第三十九手 丹鳳獨立 註前

第二場

第一手 驚泰繞柱 註前

第二手 蛟龍拒兇 如蛟龍拒擋惡兇之状

第三手 回頭望月 如回頭望月之状

第四手 蟠龍式 註前

第五手 海底擒龍　如海底擒捉蛟龍之狀

第六手 捉龍式　如以手捉獲蒼龍之狀

第七手 餓虎越澗　如餓虎越澗撲食之狀

第八手 迎門拒虎　註前

第九手 將將回營　如戰勝之師將將回營之狀

第十手 虎撲式　如虎撲食物之狀

第十一手 餓虎驅羊　如虎入羊羣驅趕之狀

第十二手 登雲式　註前

第十三手 迎门拒虎　註前

第十四手 金蛇缠腕　如金蛇缠绕腕臂之状

第十五手 壁虎吞蝇　如壁虎吞食蝇蚋之状

第十六手 迎门拒虎　註上

第十七手 金蛇揽尾　註上

第十八手 丹凤独立　註上

第十九手 鹭鸶绕桂　註上

第二十手 蟠龙式　註上

第二十一手 龍遊海底

第二十二手 虎臥鳳閣

第二十三手 鷲泰繞柱

第二十四手 蛟龍探海

第二十五手 金鵰隻展翅

皆註上

第二十六手 峴山獨立

晉羊叔子故事見六家式行拳第四手註詳

第三揚

第一手 白蛇吐心

註二十四式五十一手

第二手 蟠龍式

第三手 順水擒龍

第四手 龍卧海门

第五手 展翅鵬飛

第六手 迎门擊寇

第七手 登雲式

第八手 迎门拒寇

註前

如順水而擒捉蛟龍之狀

如龍在海门蟠臥之狀

鵬者大鳥鯤老化為鵬有冲天之志鵬程萬里以大

鵬展翅騰飛之狀

晋人馮婦善搏寇有衆逐寇寇負嵎莫之敢攖

馮婦攘臂迎而擊之

皆註上

第九手 虎守杏林 與二十四式十三手黑虎攔路故事同

第十手鳴金擊玉

第十一手 虎守杏林

第十二手鳴金擊玉

第十三手金龍反爪

第十四手金蛇攪尾

第十五手 丹鳳獨立

第十六手驚秦繞柱

第十七手 蟠龍式
第十八手 龍遊海底
第十九手 虎臥鳳閣
第二十手 鷙秦繞柱
第二十一手 蛟龍探海
第二十二手 金鵬雙展翅
第二十三手 丹鳳獨立

第四揚

皆註上

第一手　驚秦繞柱

第二手　蟠龍式

第三手　迎門拒虎

第四手　海底擒龍

第五手　蟠龍式

第六手　海底擒龍

第七手　擊海尋龍

第八手　擊虎式

皆註上

晉陶侃之母投梭於雷澤化為龍去如擊海尋龍之狀

註前

第九手 迎门蹋兎
第十手 展翅鹏飛
第十一手 迎门拒兎
第十二手 金蛇攪尾
第十三手 韓盧待兎
第十四手 隻星落地
第十五手 隻星赶月
第十六手 展翅鹏飛

第十七手　迎門拒虎

第十八手　金蛇攪尾

第十九手　丹鳳獨立

第二十手　驚秦繞柱

第二十一手　蟠龍式

第二十二手　龍遊海底

第二十三手　虎臥鳳閣

第二十四手　驚秦繞柱

第二十五手 蛟龍探海

第二十六手 金鵰雙展翅

第二十七手 丹鳳獨立

皆註上

第五擄

第一手 驚秦繞柱

第二手 蟠龍式

第三手 海底撈月

以海底撈月之狀

第四手 玉龍纏腰

以玉龍纏腰之形

第五手　黄龍鼓浪　註二十四式六十八手

第六手　丹鳳獨立

第七手　鸞奏繞柱

第八手　蟠龍式

第九手　海底撈月

第十手　玉龍纏腰

第十一手　黄龍鼓浪　皆註上

第十二手　玉燕爭巢　如玉燕飛騰爭巢之狀

第十三手　野馬登枝

如野馬登枝之狀

第十四手　强龍禦寇

如强龍禦抵惡寇之狀

第十五手　足握毒蛇

楚孫叔敖微旹出見兩頭蛇殺而埋之恐後人復見及歸泣告母曰兒聞見兩頭蛇者必死兒恐不得事親矣母曰有陰德者必有陽報子埋蛇陰德著可不死矣後以虞丘子薦莊王以車迎之使為令尹

第十六手　倒輦風輪式

釋典　如哪吒倒輦風火輪車之狀

第十七手　足蹋蛟龍

如足蹋蛟龍之狀

第十八手　丹鳳獨立

註前

第十九手 驚秦繞柱

第二十手 蟠龍式

第二十一手 龍遊海底

第二十二手 宪臥鳳閣

第二十三手 驚秦繞柱

第二十四手 蛟龍探海

第二十五手 金鵰雙展翅 皆註上

第六揚

第一手　强龍禦寇

第二手　蟠龍式

第三手　龍遊海底

第四手　金龍繞柱

第五手　玉燕争巢

第六手　野馬登枝　皆註上

第七手　龍門激浪　如龍門激浪之狀

第八手　惡寇過澗　註前

第九手 迎門拒虎

註上

第十手 青龍擺尾

如青龍擺尾之状

第十一手 順水擒龍

如順水擒捉蛟龍之状

第十二手 迎門蹋虎

第十三手 雙星落地

第十四手 金蛇攪尾

第十五手 左右玉龍纏身

如玉龍圍身纏繞之状

第十六手 迎門拒虎

第十七手 左右玉龍纏身

第十八手 迎门拒虎

第十九手 金蛇攪尾

第二十手 丹鳳獨立

第二十一手 驚秦繞柱

第二十二手 蟠龍式

第二十三手 龍遊海底

第二十四手 虎卧鳳閣

第二十五手 鷥秦繞柱
第二十六手 蛟龍探海
第二十七手 金鵰叟展翅

收式

第一手 兕守杏林
第二手 迎門拒兕 皆註上
第三手 仙人指路 如迷路之人忽遇仙人而指
第四手 懷中布月 如盤古氏懷布日月之狀

原本此页无内容

二十四式行拳舞法名目

第一掦

第一手　金龍合口

第二手　金龍探爪

第三手　蛟龍探海　俗名挑手插拳

第四手　金鷗雙展翅　俗名鎖手丁　架單鞭

二手與二十四式同

右手掌往上一挑左步提起左手往上一挑在面前

照着落左步供步右手掌一挑之旹疊腰間

落左供步之旹方往外打

左步往回裏丁字架左右兩手在左步胳膝蓋上

十字架一搭往下一分〻開左手勾子手右手是掌

兩手伸開

第五手　丹鳳獨立俗名提步单鞭

将左步提起右手貼右耳边輪過来轉入後勾子手直伸左手掌随右步走往上一挑、手在前直伸

第六手　鷺秦繞柱俗名彐手雲没掌

上左步騎馬式左手平着手心向下叩着走紘開了又上右步騎馬式右手平着手心向上仰着走紘開了左手勾子手紘過来之背勾子手叠在腕下此手在趆门是右边

第七手　蟠龍式俗名穿手蟠架

投左步蟠架右手穿出左手是掌在後边貼着右手归護肩掌

第八手　海底撈沙俗名鋪步金龍合口

上右步鋪步右手掌随左步出去左手貼地走跟上去轉成右步供步身子往前探右手在上左手在下

第九手 金蛇攪尾俗名眠敗式

兩掌一仰一立相合一處謂之金龍合口兩手丶心皆向上左掌一貼右掌亦可不動步轉成左步倒供步身子往後电左手從地下走挑回來在上边照着是掌右手直伸一變勾子手

第十手 丹鳳獨立俗名提步单鞭

將右步提起左手從耳边由前輪在後边勾子手直伸右掌隨右步挑上去平子在前直伸是掌

第十一手 鷺鷥繞柱俗名刁手雲没掌

上右步騎馬式右掌平着手心向下叩着走絃開了又上左步騎馬式左掌平着手心向上仰着走絃開了右掌刁手絃過來之皆勾子手一齊在腕下此一手在原门是左边

第十二手蟠龍式俗名
穿手蟠架

第十三手海底撈沙俗
名鋪地錦金
龍合口

第十四手金蛇攪尾
俗名眠敗式

第十五手丹鳳獨立
俗名提步
單鞭

投右步蟠架左手穿出右手是掌在後边照
着左手归護肩掌

上左步鋪步左手掌隨左步出去左手貼地走跟
上去轉成左步供步身子往前探左手在上右
手在下両手一仰一立相合一處謂之金龍合口
両手心皆向上右手一貼左手亦可

不動步轉成右步倒供步身子往後坐右手從地下
走挑回来在上边照一看是掌左手直伸一变勾子手

與前五手同

第十六手驚秦繞柱俗
名刁手雲沒掌
第十七手蟠龍式俗名
穿手蟠架
第十八手登雲式俗名
劖挑撞腿
第十九手迎門拒虎俗
名落步沖拳
第二十手白鶴展翅俗
名挑跳双掛手

與前六手同
與前七手同
右步往前一鋪左手掌後边眼看右手順右步
往上一挑左步往前一顛架左手拳往外打右足
足往外踹撞腿
上落右步又落上左步並步右手拳往外打左手
護肩掌
往後上左步又上右步跳架又上落左步併步兩手往
上一位丶閘轉入後边勾子手直伸眼回頭向看

第二十一手　十柱三擊手宪俗名披盖面掌

第二十二手　足握蛟龍俗名摟手失腿

第二十三手　擊手宪式俗名盖面掌

第二十四手　金龍反爪俗名叠手又名翻手嘴把

此是在原门跳架

提起右步再上落右步上繞步向左繞是原门
右手向前披盖脸面過來左手掌一盖又上前左
步供下右手從後边轉上去又一盖是掌左手護肩
掌
右手往後一摟勾子手直伸左手掌打出直伸右足
往外踢是失腿餂起脚過來踢左手掌指着
足面此手在原门
右步徹回左步供着右手掌又盖出
將身往前一探步不動右手在左手前摟下去左
手掌手心向上往外一翻腕打出去

第二十五手 金龍攪尾俗名眠敗式

第二十六手 卞莊迎門三擊兕俗名披蓋蓋面掌

第二十七手 足握蛟龍俗名摟手失腿

不動步轉成右步倒供步右手從地走往外挑出是掌直伸左手一變勾子手往傍边一摟再順了直伸左右兩手一掌一勾子手直伸

提左步左手勾子手右手掌左手低右手高兩手伸直再往上落左步上繞步向右繞是越门左手蓋臉面過來向前一披右手掌一蓋又上落右步供下左手從後边轉上去是掌又一蓋右手護肩掌

左手往後一摟勾子手直伸右手掌打出直伸左足往外踢是失腿餂起脚面来踢右手拍着足面此一手在越门

第二十八手擊霓式俗
名蓋面掌

第二十九手金龍反爪
又名疊手
俗手翻手
嘴把

第三十手金蛇攪尾俗
名眠敗式

第三十一手丹鳳獨立俗
名提步单鞭

左手徹回右步供着左手掌又蓋出

將身往前一探步不動左手在右手前摟下去右手掌手心向上往外一翻腕打出去

不動步轉成左步倒供步左手從地走往外挑出是掌直伸右手一變勾子手往傍边一摟丹順了直伸左右兩手一掌一勾子手直伸

右步提起左手掌從前边往上挑貼左耳輪過去轉入後勾子手直伸右手掌從下隨右步往上挑丶平了直伸

第三十二手驚秦繞柱俗名刁手雲沒掌

與前十一手同

第三十三手蟠龍式俗名穿手蟠架

與前十二手同

第三十四手龍遊海底俗名鋪地錦

左步往前鋪下左手掌伸開隨左步走

右手勾子手在後边直伸

第三十五手兎臥鳳閣俗名丁架倒收山

左手往上一挑從上边轉入後勾子手直伸

在右耳边輪過來上右步丁架右手隨右步

蓋脸面归回護肩掌

第三十六手驚秦繞柱俗名刁手雲沒掌

上右步騎馬式右手一刁放開叩着走手心向

下平輪又上左步騎馬式左手仰着走手心向上平輪又上右步騎馬式就轉身面向來皆是倒上步倒轉身右手勾子手叠腕下左手手心向上平伸着然後原手不動踮起身來点左步大架

與前三手同

第三十七手 蛟龍探海 俗名挑手供步插掌

與前三手同

第三十八手 金鵰展翅 俗名鎖手丁架单鞭

與前四手同

第三十九手　丹鳳獨立俗名提步單鞭

與前五手同

第二趟

第一手　驚秦繞柱俗名刁手雲沒掌

落上左步騎馬式紘開平着橫輪着走手叩着
又上右步騎馬式右手紘開走仰着走左手刁手
疊在腋下披左步蟠架右手穿出左手是掌
直伸右手掌護肩

第二手　蛟龍拒虎俗名供步摟手强掌

提起右步右手掌往前盖左手掌護肩落
上右步供步右手刁回疊腋下左手掌順右手刁
回之旹往外直着打出去

第三手　回頭望月俗名轉身供步盖掌

上左步轉身面向後右步供下左手伸着直盖過
来是掌

第四手蟠龍式俗名穿手蟠架

第五手海底擒龍俗名鋪地擒拿

第六手捉龍式俗名丁架正收山

第七手餓虎越澗俗名跳架挑打

第八手迎門拒虎俗名進步沖拳

第九手將將回營俗名領敗式

左手穿出右手掌照着左手護肩掌右步投蟠架

上左步鋪下半鋪地亦可左手掌往前指隨步走右手掌後边照着

上右步丁架右手隨步走右手勾子手在右足處向裏勾着左手掌護肩

上右步跳架又上左步落騎馬式右手往上一挑轉後邊照着拳掌皆可左手掌疊着打出

上右步又上左步右手拳往外打左手護肩掌

右手穿出左手右手挑出是掌直伸左手後边勾子手直伸正轉身面向回裏走走七步為度

第十手　兕撲式俗名
跳架碎齊行

第十一手　餓兕驅羊又名
追飛還影俗名
撒遛步赶齊行

第十二手　登雲式俗名
劐兆撞腿

第十三手　迎門拒兕俗
名追步中拳

第十四手　金蛇纏腕俗
名裹手嘴把

跕下旹左步提起兩手原式不動落左步又落右步
又左步落顛架又上右步落騎馬式兩拳碎落下平
放着右手在前左手在後
原式不動右足在前左足在後往前一赶撒遛步
右手往上一挑左步一顛落下左手拳往外打右足往
前端

註前八手

左步往傍邊一投步羊蟠架左步往前一還供步左
手左手在右手前一刁手刁右手丶心向裹打嘴把

子左手護肩掌

第十五手　辟兕吞蝇俗名摟手嚙把

不動步右手從後一摟骨腕下左手掌打出

第十六手　[illegible]丶拒兕俗名玉步冲拳

從上丶左步並步右手拳打出左手掌護肩

第十七手　金蛇攪尾俗名眠敗式

從後卸左步倒拱步左手掌從左步從外挑出右手丶心向上一變勾子手兩手前後直伸

第十八手　丹鳳獨立俗名提步单鞭

與頭攜五手同

第十九手　鷙泰繞柱俗刁手雲沒掌

與頭攜十一手同

第二十手　蟠龍式俗名穿手蟠架

與頭攜十二手同

第二十一手 龍遊海底俗名鋪地錦

第二十二手 凭臥鳳閣俗丁架倒收山

第二十三手 驚馬奔繞柱俗名弓手雲没掌

第二十四手 蛟龍探海俗名挑手洪步插掌

第二十五手 金鵰復展翅俗名鎖手丁架單鞭

第二十六手 覘山獨立俗名點步倒收山

與頭摀二十四手同

與頭摀二十五手同

與頭摀二十六手同

與頭摀二十七同

與頭摀二十八手同

往後撤右步点左步大架左手勾子手在後直伸

右手蓋臉面過來護肩掌

第三摀

第一手 白蛇哒 俗名 鷄子穿林

第二手 蟠龍式 俗名 穿手蟠架

第三手 順水擒龍 俗名擒拿

第四手 龍卧海门 俗名丁架金龍合口

上右步又上左步又上右步又上左步丁架從原门走、至
越门走死步右手挑開走归腋下叠着勾子手仰
着在左胳膝盖上放着是拿手仰着放在左胳
膝盖上然後放左步騎馬、式左手掌打出直伸
不動步轉成右步供步左手往回裏盖右步投蟠架
穿出右手左手掌護肩
上左步半鋪步左手掌随步走直伸右手掌後边照着
不動步身子往後甩左步往下鋪上右步丁架右手随
步走归金龍合口右手在下左手在上在丁架着放看

第五手 展翅鵬飛

俗名㨿展

徃前右步上跳架两手一齊輪過来盖脸面輪過去左足徃外踢失腿撞腿亦可两手一齊徃前指

第六手 迎門擊兕又名迎门三不顧

俗名展掌强打

落左步共步左手一展归護肩掌右手拳打出直伸

第七手 登雲式俗名掛挑撞腿

上右步又上左步落顛架其餘與第一搨十一手同

第八手 迎門拒兕俗名進步冲拳

與第一搨第八手同

第九手 兕守杏林俗名丁架正收山

徃後卸右步又卸左步又卸右步丁架右手徃下直伸勾子手徃外勾左手盖脸面過来護肩掌

第十手 鳴金擊玉俗名
雙蜂貫耳 右边

第十一手 宂守六休俗名
丁架正收山

第十二手 鳴金擊玉俗名
雙蜂貫耳 左边

第十三手 金龍反爪俗名叠
手又名 翻手嘴把

上右步提起來落下不提亦可上繞步向左繞又上左步提起來左右兩手在左步胳膝盖上一搭兩手往上一分〻開了落左步供步落繞步向右边落右手拳左手掌一拍見响

往後卸左步丁架左手往下直伸勾子手向外勾右手盖臉面過來護肩掌

上左步提起來落下是上繞步向右繞又上右步提起來左右兩手在右步胳膝盖上兩手往上一搓〻開了落右步供步落繞步向左邊落左手拳右手掌一拍見响

原式不動左手拳變掌在右手前往下一蹋右手〻心向上往外一翻腕打出去

第十四手 金蛇攪尾俗名眠敗式 與第一趟三十手同

第十五手 丹鳳獨立俗名提步单鞭 與第一趟三十一手同

第十六手 驚秦繞柱俗名刁手雲沒掌 與第一趟三十二手同

第十七手 蟠龍式俗名穿〻蟠架 與第一趟三十三手同

第十八手 龍游海底俗名鋪地錦 與第一趟三十四手同

第十九手 虎卧鳳閣俗名丁架倒收山 與第一趟三十五手同

第二十手　驚秦繞桎俗名　刁手雲没掌　與第一揚三十六手同

第二十一手　蛟龍探海俗名　挑手供步插掌　與第一揚三十七手同

第二十二手　人鳳雙展翅俗名　鎖手丁架单鞭　與第一揚三十八手同

第二十三手　丹鳳獨立俗名　提步单鞭　與第一揚三十九手同

第四揚　驚秦繞桎俗名

第一手　刁手雲没掌

上左步又上右步俱是騎馬式左右兩手平着紐過来

先走左步後走右步其餘與前刁手雲没掌同

第二手　蟠龍式俗名穿手蟠架
拨左步蟠架穿出左手是掌右手護肩掌

第三手　迎门拒虎俗名强掌
上右步騎馬式右手掌打出直伸左手掌後边照看

第四手　海底擒龍俗名挑手鋪地擒拿
右手往上一挑轉在後边照看是掌上左步半鋪步左手随步走往下掐是掌直伸

第五手　蟠〃〃俗名穿手蟠架
拨右步蟠架右手穿出後边照看是掌左手護肩掌

第六手　海底擒龍俗名敵步擒拿
上左步半鋪步左手掌往下掐隨步走右手掌後边照看

第七手　擊海尋龍俗名詐法擒拿
上右步騎馬式鋪步亦可正轉身两手掌一拍見响右手掌隨右步走在前往下掐左手掌後边照看

第八手 擊宪式俗名蓋面掌

不動步轉成右步供步左手掌往下一蓋右手護肩掌

第九手 迎門蹋宪式俗名摟手失腿

不動步左手往後一摟左足往外踢餂起足面来右手掌往外打指着左足面左手後边勾子手直伸左右兩手前後伸開

第十手 展翅鵬飛俗名〻入展

往上落左步又上右步顛起落下顛步兩手一齊蓋脸面輪過来左足往外踢 失腿撞腿 齊兩手掌在上一齊往前指着

第十一手 迎門拒宪俗名進步沖拳

往上落左步又上落右步又往上落左步無步右手拳往外打直伸左手護肩掌

第十二手 金龍攪尾俗名眠敗式

與第一搨三十手同

韓盧待兔俗

第十三手 名将〻回营又名領敗式

左手穿出右手往後匚轉身向左轉往後上左步鋪步轉成供步左手掌順左步挑出直伸右手後边勾子手直伸往後走行步七步為度

第十四手　雙星落地俗名碎齊行

第十五手　雙星趕月俗名趕齊行

第十六手　展翅鵬飛俗名鏇八展

第十七手　迎門拒虎俗名進步沖拳

第十八手　金蛇攪尾俗名眠敗式

暫下背提起右步來 倒轉身往回裏轉落右步又往前上左步騎馬式兩拳隨追步往下落左手在前右手在後平放着

左步在前右步在後右步往前一趕左步是撒退步

一顛起右步落下左足往外踢失腿 餂起脚面來踢撞腿亦可兩手俱是拳蓋臉而輪過來兩拳往前指與左足一齊往外出

往上落左步又上右步又上左步並步右手拳往外打直伸左手護肩掌

與第一趟三十手同

第十九手 丹鳳獨立俗名 提步單鞭 與第一橋三十一手同

第二十手 鷲奏繞柱俗名 刁手雲沒掌 與第一橋三十二手同

第二十一手 蟠龍式俗名 穿手蟠架 與第一橋三十三手同

第二十二手 龍遊海底俗名 鋪地錦 與第一橋三十四手同

第二十三手 宪卧鳳阁俗名丁架倒竪 與第一橋三十五手同

第二十四手 鷲奏繞柱俗名 刁手雲沒掌 與第一橋三十六手同

第二十五手　蛟龍探海俗名　　與第一揚三十七手同

挑手供步插掌

第二十六手　金鵰雙展翅俗名　與第一揚三十八手同

鎖手丁架单鞭

第二十七手　丹鳳獨立俗名　與第一揚三十九手同

提步单鞭

第五揚

第一手　鷺鷥繞柱俗名　落左步騎馬式又上右步騎馬式兩手平着橫絃過来

刁手雲没掌右边

第二手　蟠龍式俗名　按左步蟠架穿出左手掌在後边直伸些着右手蒦

穿手蟠架　肩掌

第三手 海底撈月 俗名 鋪步挑手

第四手 玉龍纏腰 俗名 攔腰掌

第五手 黃龍鼓浪 俗名 挑手插拳

第六手 丹鳳獨立 俗名 提步單鞭

第七手 鷺鷥繞桂 俗名 刁手雲没掌

往前敉右步鋪下步走右手掌隨右步順着挑出轉上边照看手心向下

右步供下左手掌平着手心向上橫着砍在胸前兩手心一仰一合如抱合之勢

左手往後一挑轉上边照看是掌不動步轉成左步供步右手拳叠着往後打插拳身子轉過向後向左边打

提起右步來右手掌手心向外往外一攔又返回來在前手心向下直伸

落右步騎馬式又上左步落騎馬式兩手平着橫絃過來

第八手蟠龍式俗名穿手蟠架

第九手海底撈月俗名鋪地挑手

第十手玉龍纏腰俗名攔腰掌

第十一手黃龍攪浪俗名挑手插拳

第十二手玉燕爭巢俗名踢手强打

第十三手野馬登枝俗名采腿

提右步蟠架穿出右手掌在後边直伸照着左手掌護肩

往前放左步鋪下步走左手掌隨左步順着挑出轉上边照着手心向下

左步拱下右手掌平着手心向上橫着一砍在胸前兩手手心一仰一合如抱合之勢

右手往外边挑轉上边照着是掌不動步轉成右步拱步

左手拳貼着往後打插拳身子轉過向後向右边打

往後上左步拱步右手掌叩着在左手拳頭裏往下一踢左手拳往回裏一疊又打出去右手掌護肩

原式不動右足往外橫端儼如外撞腿比外撞腿微低

第十四手　强龍禦寇俗
名摟手强掌
第十五手　足握毒蛇俗
名詐法鉤子腿
第十六手　倒輦風輪式俗
名摟手强掌又
名撐抹
第十七手　足蹋蛟龍俗
名轉身拍腿
第十八手　丹鳳獨立俗名
提步单鞭

往上落右步供步右手往後一摟轉在後边勾子手直伸左手掌强出在前直伸面向前

往前上左步跳架左手掌一拍右手腕兩下一劃分開見响右足尖向上斜着往旁边一挑右手勾子手一摟往後摟左手掌往外一撐往前撐前後直伸

卸右步左手掌護肩右手後边勾子手直伸又卸左步又卸右步俱卸供步左手往後一摟勾子手直伸右手掌强出直伸

往前轉身伏下身走右手掌隨轉身往外挑手左足随身走往前踹拍腿脚横着踹〻迎面骨

往後撤左步提起右步來右手勾子手左手掌前後直伸換過式來與第一塲三十一手同

第十九手　鷙秦繞柱俗名　刁手雲沒掌
與第一擕三十二手同

第二十手　蟠龍式俗名　穿手蟠架
與第一擕三十三手同

第二十一手　龍遊海底俗名鋪地錦
與第一擕三十四手同

第二十二手　兎臥鳳閣俗名　丁架倒收山
與第一擕三十五手同

第二十三手　鷙秦繞柱俗名　刁手雲沒掌
與第一擕三十六手同

第二十四手　蛟龍探海俗名　挑手供步插拳
與第一擕三十七手同

第二十五手 金鵬展翅俗名
鎖手丁架单鞭

第六揚

第一手 强龍禦兎俗名
摟手强掌

第二手 蟠龍式俗名
穿手蟠架

第三手 龍遊海底俗名
鋪地錦

第四手 金龍繞柱俗名
大轉身

與第五揚三十八手同

由单鞭式走倒轉身面向後徹左步供步右手往後摟叠着勾子手在腋下勾子手在後直伸亦可右手掌打出直伸

拔右步穿出右手掌在後边照着左手掌護肩

左步往前鋪轉成左步供步左手随步走左手掌在前直伸

左步提着往後上步正轉身過来右步立着轉過来

第五手 玉燕争巢俗名 蹋手强打 身形轉過来左手在右手拳頭裏掌叩着往下一蹋右手拳往後打出左手護肩掌

第六手 野鳥登枝俗名 采腿 原式不動左足往外横踹儼如外撞較比外撞微低

第七手 龍门激浪俗名蟠架裁打 左手掌一拍右手腕見响左步轉蟠架

第八手 悪虎過澗俗名跳架挑打 上右步跳架右手往上挑又上左步落騎馬式左手拳打出右手拳後边照着

第九手 迎门拒虎俗名 進步冲拳 與第一摀八手同

青龍擺尾俗名 往後上左步又上右步跳架又上左步供下右手往後一樓

第十手 跳 抹樓手强掌 勾手手左手掌打出直伸

第十一手 順水擒龍俗
名縷法又名
摟手強掌
第十二手 迎門踢兕式俗
名十字失腿
第十三手 進星落地俗
名落齊行
第十四手 金蛇攪尾俗
名眠敗式
第十五手 左右手龍纏身
俗名左右進
彐手

提起右步往前落右步又上左步騎馬式右手往外一蓋右手
從前边往後貼地皮往後一摟勾子手伸着左手掌打出
手原式不動右足踮起脚面來踢
上落右步騎馬式右手拳在前左手拳在後平放
不動步轉成左供步丙拳一變手右手勾子手直伸左手
掌直伸
提右步落右步走繞步從左向右繞右手彐手隨提步
走右手勾子手疊腋下又提左步落左步走繞步從右向
左繞左手走到胷前左手彐手隨提步走左手勾子手疊
腋下左步落供步右手掌打出直伸

〃十六手迎門拒虎俗名
並步冲拳

上右步並步左手拳打出右手徹回護肩掌

第十七手左右玉龍纏身俗
名左右雙刁手

提左步落左步走繞步從右向左繞左手刁手隨提
步走左手勾子手疊腕下又提右步落右步走繞
步從左向右繞右手走到胸前右手刁手從提步
走右手勾子手疊腕下右步落供步左手掌打出
直伸

第十八手迎門拒虎俗名
並步冲拳

上左步並步右手拳打出左手徹回護肩掌

第十九手金蛇攬尾俗
名眠敗式

往後卸左步供步其餘與第一摥三十手同

第二十手丹鳳獨立俗名
提步单鞭

與第一摥三十一手同

第三十一手　鷺秦繞柱俗名刁手雲沒掌　與第一摏三十二手同

第三十二手　蟠龍式俗名穿手蟠架　與第一摏三十三手同

第二十三手　龍遊海衣俗名鋪地錦　與第一摏三十四手同

第二十四手　兜卧鳳閣俗名下架倒收山　與第一摏三十五手同

二五手　鷺秦繞柱俗名刁手雲沒掌　與第一摏三十六手同

第二十六手　蛟龍探海俗名挑手供步插掌　與第一摏三十七手同

第二十七手 金鵰湮展翅俗名鎖手单鞭

與第一趟三十八手同

收式

第一手 虎守杏林俗名呆正收山

不動步右手盖臉面向边来归護肩掌左手勾子手向外勾着直伸

第二手 迎門推虎俗名强打

放左騎馬式左手拳往外打右手拳叠腰间

第三手 仙人指路俗名並步指拳

上右步並步右手轉上後边照着左手拳直伸不動

第四手 懷中布月俗名抱拳收式

左右兩手落下归在胸前兩拳相並虎口皆向上

太极拳讲义

提要

《太极拳讲义》，傅振嵩编，手抄本。封面为“斯文体育太极拳讲义”，但目录又为“太极拳斯文体育目录”，二者略有不同，不知何故，待考。

据目录，本书可分为九个部分，分别为“张真人传”“太极拳源流”“太极拳宗派”“习太极拳须知门径”“十三势行功心解”“太极拳十三要”“太极拳推手精论”“太极拳打手歌”和“太极拳源流”，其中重复的“太极拳源流”或为抄书人笔误，具体情况有待考证。另外，与正文进行核对发现，正文内容的编排顺序与目录存在出入，而且正文中还有未出现在目录上的内容，所以该书目录的检索和查阅功能有限。该书纯以文字论述，阐释了习练太极拳的要领，如“松肩坠肘气沉丹田”“含胸拔背聚精会神”等，这些都是练习太极拳的重要依据。

本书编者傅振嵩是著名武术家，创编了傅式太极拳、傅式太极剑，既注重总结经验心得，又注重武技演练，他所编的《太极拳讲义》兼具理论性和实践性，是研究太极拳的重要武术文献。

斯文體育

太極拳講義

傅振嵩編

傅家太極拳

傅振嵩先生

太極拳斯文體育目錄

原本此页无内容

太極拳源流

張真人傳

真人遼東懿州人，名全一，又名君實，號三峯，史稱宋末時人，生有異質，龜形鶴骨，大耳圓目，身高七尺餘，修髯如戟，頂作一髻，常戴偃月冠，一笠一衲，寒暑禦之，不飾邊幅，人皆目爲邋遢，所談升斗輒盡，或避穀數月自若書過目不忘，遊處無恒，或云一日千里，洪武初，至蜀太和山，結庵玉虛宮，自行修鍊，洪武廿七年，復入湖北武當山，與鄉人論經典，亹亹不倦，一日在室內讀經，有鵲在庭，其鳴諍論，真人由窗視之，鵲在樹，注目下睹，地上有一長蛇，結仰顧，少頃，鵲聲鳴上下，展翅相擊，長蛇探首微閃躲過，鵲翅擊，蛇亦蜿蜒輕身閃過，仍作盤形，如是多次，真人出，鵲飛蛇走，真人始悟，以柔克剛之理，因技術按太極變化，而成太極拳術，動靜消長，通於易理，故傳之久遠，而功效愈著，北平白雲觀，現存真人聖像，可供瞻仰云。

張祖師三峯生死而復生

真人，元末居寶雞金臺觀，一日自曰當死留頌而逝，縣楊軌山門生，貝棺

二

殮之及葬聞棺內有聲，啟視則復活，乃游蜀四川見蜀獻王，復入武當，襄漢，跡益奇幻永樂中成祖遣給事中胡濙，偕內侍朱祥齎璽書香幣往訪，徧歷荒徼，積數年不遇，乃命工部侍郎郭璡，隆平侯張信等，督丁三十餘萬，大營武當宮觀，費以百萬計，既成，賜名太和山太岳山設官鑄印以守竟符三峰言，或言三峰金時人，元初與劉秉忠同師，後學道於鹿邑之上清宮，然不效，天順三年英宗賜贈爲通微顯化真人，終莫測其存否也，真人自在武當山發明太極拳術，日夜鍛鍊身心，以太極拳爲體用之寶，一日夜真人夢元帝試技，帝招法卽剛，真人高明柔克，帝果不能進其身，厥明三峰以單丁殺賊百餘，永樂帝聞真人得道神技，帝又召聘不赴，真人行終莫測。

太極拳宗派

張祖師真傳，歷代名人者，陝西王宗岳，傳山西王萊咸，傳山西洪同縣張松雞，傳河南蔣發，真人數傳河南懷慶府，温縣陳家溝，現代中國太極拳，策源地陳家溝可考。

陳家溝太極拳

第一代，太極拳先師，陳奏庭，號耀武，易經專家，精太極拳傳授子弟。

第二代，陳敬伯，號長青傳。

第三代，陳毓蕙，號楚汀，功名文進士，精太極拳傳

第四代，陳繼夏，號丙南，功名文進士，精太極拳傳

第五代，一胎所生三其子，陳秉壬旺奇世人稱陳家太極拳三傑傳

第六代，陳長興，號久芳係陳秉旺公子名長興。

第六代，陳仲甡，陳季甡，係陳秉奇雙生子

第七代，陳耕耘，係陳長興公子，陳長興傳

第七代，異姓者楊福魁，號祿禪，永年縣人，李伯魁，號之豪，河北人

陳清平號靜安溫縣趙保街人。

陳耕耘傳

第八代，陳延年，號壽彭。陳延禧，號會傑。

異姓者，石鳳岐號寶山。

三

四

陳延禧傳

第九代，陳連科，陳法科，陳鑫，

異姓者，杜元化，袁克定，姬致義，傅振嵩，號乾坤，全係河南懷慶人。

第十代，傅永輝，傅永翔。

陳家三傑太極拳論

太極拳者無極而生，陰陽之母也，動之則分，靜之則合，無過不及，隨曲就伸，人剛我柔謂之走，我順人背謂之黏，動急則應，動緩則隨，雖變化萬端，而理爲一貫，由着熟而漸悟懂勁，由懂勁而階及神明，然非功精勁力之久，不與豁然貫通焉，虛靈頂勁，氣沉丹田，不偏不倚，忽隱忽現，左重右虛，右重則左虛，仰之則彌高，俯之則彌深，進之則愈長，退之則愈促，一羽不能加，蠅蟲不落，人不知我，我獨知人，英雄所無敵，蓋皆由此而及也，斯技旁門甚多，雖勢有區別，概不外乎壯欺弱，慢讓手快，是皆先天自然之能。非關學力而有爲也，察四兩撥千斤句，顯非力勝，觀老毛老全能禦衆之形，快何而爲，立如平準，活似車輪，偏沉則隨，重則滯，每見數年純功不能運化者，率自爲人制，雙重之病未悟耳，欲避此病，須知陰陽相濟，方爲懂勁，懂勁後，愈練愈精，默識揣摩，漸至從心所欲。本是捨己從人，多舍近求遠，所謂差毫厘，謬以千里，學者不可不詳辨焉，是爲論。

吳序

內家拳名師傅振嵩先生，相籍河南懷慶府，自幼在太極拳策源地，懷慶陳家溝，從陳長興之孫陳延禧老師門下，受業十載，民初走關西遊關東，在懿州得張三峰祖師，真傳弟子，曾任遜清咸豐皇御前侠，之宋維一老師秘傳，凡三載業藝更進益，宋老師民十年一百五十餘歲，秘傳傅師太極閃電掌，及閃電操，其後遇我國太極名家，研究，技術日益神化，其工夫實已達爐火純青境界，遂根據數十年經驗所得，獨創傅家太極拳，綜合順其自然，移調順序，使由易入門進步，內家拳舉動，輕靈精銳，減少相類之重複動作，以便記憶，調其陰陽平均，剛柔相濟，藉免偏陰缺陽之弊，體用益壽延年，實堪稱爲太極拳之拳至，梅縣吳壽眉述。

廖序

傅師振嵩，號乾坤，丁卯年張作霖時代，傅師任北平，陸海空軍大元帥府，國術團長，國府奠都南京，充任中央國術館總教師，陳銘樞主持粵政時任兩廣國術館主任教師，李漢魂主粵抗戰政府時，任廣東省國術館副館長，致力提倡國術數十年如一日，為國內有數之國術名師，傅師生平軼事甚多，其少年時代有一事頗足紀者，己酉年八月三日，有匪三百餘名，持槍刀劍戟至傅師故里本馬坡村搶劫，傅師初與村中青年，數十人同出抵禦，村中青年以匪聲勢浩大，退縮不前，傅師獨持八斤餘重鐵鎗向前迎敵，匪衆遂將傅師三面包圍，傅師左衝右刺傷十餘匪，於是自知不敵者，向後退避，而匪魁及自以為工夫老到者，上前接戰，傅師及改用拖槍敗勢誘之，傷數匪，卒將匪魁刺斃，匪衆始却，不敢入村，自是傅師名震懷慶府，衆績匪側目，蓋傅師除拳脚外，尚精器械也，傅師對內家拳數種，皆深曉精義，惟太極拳一門，尤其深究至化境，近年根據，其數十年經驗。

梅縣廖威述

自序

余幼時，在敝鄉本馬坡村武學社習技，杜東張作仁係敝鄉大財東，不惜重金，辛丑年，聘請兩位武當派名師担任教授，太極拳班，由陳家溝陳長興之孫，陳延禧老師教授，因陳家溝相離敝村，四十餘里，容易聘得到陳老師，八卦拳班由北京董海川弟子賈岐山老師教授，因賈老師前係北京，明勝鏢局，高名鏢師傳由北京保鏢逕過懷慶府，張財東趁此機會，以重金聘之，後賈老師轉業，到社任教傳道，社員同學百餘名，第一年單練架子，第二年注重推手，每年比賽兩次，分太極推手及八卦推手比賽，第三年學習武器，槍刀劍棍皆有比賽，在社研習六年，自爲嫺熟武藝，惟陳賈二師則曰尚未到家，須繼續鍛鍊，及至第八年考試時，陳賈二老師云，拳術苦練到家，必須慢中藏純快，在真慢中養成極快，柔中綿裹鐵，純柔能變純剛，今次考試題目，爲徒手捉雀，是日下午五時同學環集本社花園之石榴樹旁，迨小雀飛滿樹後，三聲鈴响，衆同學各人上前捉雀，結果一人捉得雀尾數根，一人獲一死雀，余獻出之小雀尚能振翅欲飛，陳賈二老師乃評判余之工夫已達上乘，足見練工夫之不易也，惟現今科學倡明，殺人利器層出不窮，耗十數年光陰以求此工夫對敵，似不經濟，故我國術界所提倡者，宜首重强身，次及自衛，蓋學太極拳架子，所費時間不過一二月矣，若能繼續練習，持之以恒，自能却病强身，本書所載者亦本此旨，側重太極拳之體僅畧述其用而已，學者但求姿勢正確，身法手眼步若合一氣，爲太極也，所得到此要領，自能成功，至自衛之術，非口提面授不爲功，恕未詳述，讀者諸君其諒之。

懷慶　振嵩序

太極拳講義

體用太極拳，養先天自然之精，健康拳術，心靜神歛，氣沈丹田，學者先練其身，次練神，深以測淺，靜以制動，柔以克剛，大之可以應付曲當，小之可以自衛，免去全身遠害，是故無文武，無論男女，皆當學，學焉，而得其性之所近，不有於此，必有得於彼，此余所以津津樂道者也，太極其性，例動作亦趨而已，久之能不脫，又久之能不亂，而整，太極拳以靜衛動，雖猶靜，故練架子，愈慢愈好，如快氣不能歸丹田，學者細心體會，庶得其意焉，我身不動混然太極也，如稍動，則陰陽也，陰陽者靜之分，一靜爲陰，一動爲陽，虛者陰也，實陽也，太極拳貴在自動致柔，氣血週流，虛靈頂勁，鬆肩墜肘，涵胸拔背，氣沉丹田，自動之理才能陰陽相濟，剛柔相磨八卦相盪，動轉圓滿心平自然，太極拳步走輕如貓形，虛心留意萬人抵，心要三空達真靈，太極拳十三勢莫視輕，命意源頭在腰隙，變轉虛實須留意，氣遍身軀不少滯，靜中觸動動猶靜，因敵變化出神奇，勢勢揆心在腰間，腹內鬆靜氣騰然，尾閭中正神貫頂，滿身輕利頂頭懸，仔細留心向推求，屈伸開合聽自由，入門引路須口授，工夫無息法自休，若言體用何爲準，意氣君來骨肉臣，想推用意終何在，益壽延年不老春，字字真切義無遺，若不向此推求，枉費工夫貽歎息，所編用意强身法，久温自成，民族精神。

太極拳理論

一舉動周身俱要輕靈，尤須宜貫串，氣宜鼓盪，神宜內斂，無使有缺陷處，無使有凸凹處，無使有斷續處，其根在脚，發於腿，主宰於腰，行於手指，由脚而腿而腰，總須完成一氣，向前退後乃能得機得勢，有不得機得勢處，身便散亂，其病必於腰腿求之，上下前後左右比然，凡此皆是意，不在外面，如內家拳勁曰用意不用外力也，有上卽有下，有前則有後，有左則有右，如意要向上，卽需下意，若將物掀起而加以挫之力，斯曰其根自斷，乃壞之速而無疑，虛實宜分清楚，一處有一實，處處總此一虛實，周身節節貫串，無令絲毫間斷耳，久習成級如長江大海一意不斷曰長拳也，太極拳也，掤攦擠按採挒肘靠，此八卦也，進步退步左顧右盼中定此五行也，掤攦擠按即乾坤坎離，四正方也，採挒肘靠，即巽震兌艮，四斜角也，進退顧盼金木水火土也，合之則為十三勢也，原文注云，此係武當山張三峯祖師遺論，欲天下豪傑延年益壽，不徒作技藝之末也。

十三勢行功心解

以心行氣，務令沉着，乃能收斂入骨，以氣運身，務順遂，乃能便利從心，精神能提得起，則無遲重之虞，所謂頂頭懸也，意氣須換得靈，乃有圓活之趣，所謂變轉虛實也，發勁須沉着鬆淨，專主一方，立身中正安舒，支撐八面，行氣如九曲珠，無往不利，氣遍身軀之謂運勁如百練鋼，無堅不摧，形如搏兔之鵠，神如捕鼠之貓，靜如山岳，動如蛟龍，蓄勁如開弓，發勁如放箭，曲中求直，蓄而後發，力由脊發，步隨身換，收即是放，斷而復連，往復有摺疊，進退須有轉換，極柔軟，然後極堅剛，能呼吸，然後能靈活，氣以真養無害，勁以曲蓄而有餘，心為令，氣為旗，腰為綦，先求開展，後求緊湊，乃可臻於縝密矣，又曰彼不動，已不動，彼微動，已先動，勁似鬆非鬆，將展未展，勁斷意不斷，又曰先在心，後在身，腹鬆氣沉入骨，神舒體靜，刻刻在心，切記一動無不動，一靜無有不靜，牽動往來氣貼背，而斂入脊骨，內固精神，外示安逸，邁步如貓形，運勁如抽絲，全身意精神，不在氣，在氣而滯，有氣者無力，無氣者純剛，氣若車輪，腰如車軸。

習太極拳須知門徑

太極拳爲斯文體育，式式由政治化學文研皆，易達太極先天意義，如不深究領會，學會後也是皮毛，練太極拳意思，如似儒雅豪傑，與人對敵，門智不門力，諸葛空城能制司馬十萬兵，故曰練太極拳，必須以靜制動，輕柔軟化，方爲入門進步，意令身，身催手脚，隨身注意，中心重心，體遊動態，爲先天自然，不用後天之力，方爲內家拳真意，太極拳主體爲柔，由自動遊身養先天之精，首由腰腿弓坐步，運遊體魄，爲養身之妙術，自動致柔氣血週流，氣要鼓盪，精銳圓滿，太極拳舉動鬆肩環柔沉，運勁如抽絲，手出如綿，邁步如貓形，輕靈神化高明柔克，萬人敵，氣騰神頂似

十二

真靈，翻江海無須忙，單鳳朝陽取爲强，心爲元帥眼爲令，手似先鋒捲地風，行氣如車輪，翻身如閃電，蓋勁如開弓，發勁如放箭，手一動鳥難飛，神如捕鼠之貓，一靜如泰山，活如蛟龍。

太極推手精論

以練習推手爲致用，學推手則卽是學覺勁，有覺勁便不難矣，故總論所謂由覺勁爲懂勁，而階及神明，此言卽根於推手無疑矣，掤攦擠按，四式卽黏連隨，舍己從人之定步推手，爲源地推手，又曰合步推手，如我左手掤起，護胸式，駕禦敵人之按手，使不得至胸腹貼近，故曰掤，此字取意，與說文釋義異，掤之方式，對方同其用法，最忌板滯，又忌遲重，板者不知己之運動，滯者，不知敵人之取舍，卽不知己，又不知彼，不成其爲推手矣，遲重者，必以力禦人，便成死手，非太極家之所取也，必曰掤者，黏也非抗也，手向外掤，意欲黏回，又不使己之手與胸部貼近，得化勁全賴轉腰，一轉腰則之掤勢已成矣，故曰太極拳，借力打人，妙在引進落空， 者，連着彼之肘與腕，不抗不採，因彼伸臂襲我，我順其勢而取之，是收回意謂之 ，此字義又與說文不同，乃拳術家之專用名詞也，其方式，卽 法轉腰，加上一手，連着彼之肘節間，被 者，須本舍己從人，亦須知有舍人從己之處，被 覺其手加重，便可乘之以靠，或覺其 勁，忽有斷續，則急舍其一邊，而襲以擠可也，擠者，正與 式相反， 則誘敵之按勁，使其進而入我陣地之陷阱而取之，設絕勝之妙法，吸動之力也，先爲彼所覺，則彼進勁必中斷，而變爲他式，則之勢失效，則不可不反退爲進，用前手側探其肘，提起後手，加在前手，小臂內便乘勢擠出，則彼於倉卒變化之中，未有不失其機勢，而被我擠出矣。彼擠者須於變化中，能鎮定，先有覺，急空其按勁，則便成按勢矣，按者，因擠不得其機勢，便將右手，上緣彼敵之左肘外廉轉，仍成攌式攌回，如攌又不得勢，則翻右手。以手心按彼左肘節上抽出，左手又以手心按彼左腕上，是謂之按，按之轉復爲棚，棚攌擠按，終而復始，輪轉不息，此謂練習黏連貼隨之意也，以四式，變化無窮，筆難縷述，望學者幸細心領會，於單人架之說明，詳爲參悟便易入門也。

太極拳打手歌

棚攌擠按須認真，上下相隨人難進，任他巨力來打我，牽動四两撥千斤，引進落空合卽出，黏連貼隨不丟頂。

吾人習太極拳應專師重道

太極拳譜式

一 太極起勢
二 攬雀尾
三 單鞭
四 提手上勢
五 白鶴晾翅
六 左摟膝
七 手揮琵琶式
八 左右摟膝拘步
九 手揮琵琶式
十 左摟膝
十一 上步搬攔捶
十二 如封似閉
十三 十字手
十四 抱虎歸山
十五 攬雀尾
十六 肘底看捶
十七 倒攆猴
十八 斜飛勢
十九 提手上勢
二十 白鶴晾翅
廿一 左摟膝
二二 海底針
廿三 扇通臂
二四 撇身捶
廿五 搬攔捶
二六 上步攬雀尾
廿七 單鞭
二八 雲手

二九　單鞭

三十　高探馬

卅一　右分脚

卅二　左高探馬

卅三　左分脚

卅四　轉身蹬脚

卅五　左右摟膝拗步

卅六　栽捶

卅七　撇身捶

卅八　搬攔捶

卅九　右蹬脚

四十　左打虎勢

四一　右打虎勢

四二　回身右蹬脚

四三　雙風貫耳

四四　蹬脚轉身

四五　右蹬脚

四六　搬攔捶

四七　如封似閉

四八　十字手

四九　抱虎歸山

五十　攬雀尾

五一　斜單鞭

五二　野馬分鬃

五三　回手琵琶式

五四　玉女穿梭

五五　上步攬雀尾

五六　左單鞭

五七　雲手

五八　單鞭下勢

五九　金鷄獨立
六十　倒攆猴
六一　斜飛勢
六二　提手上勢
六三　左白鶴晾翅
六四　右摟膝
六五　左海底針
六六　扇通臂
六七　左右白蛇吐信
六八　上步搬攔捶
六九　上步攬雀尾
七十　轉身滾手
七一　左右點脉
七二　上步左攬雀尾
七三　進步雲手
七四　單鞭
七五　高探馬
七六　衝掌
七七　十字腿
七八　摟膝指襠捶
七九　上步攬雀尾
八十　單鞭下勢
八一　上步七星
八二　退步跨虎
八三　轉脚擺蓮
八四　彎弓射虎
八五　搬攔捶
八六　如封似閉
八七　十字手合太極

習太極拳初步須知

伸縮曲展，動圓轉滿，上下相隨，綿綿不斷，手法步法身法，差之毫釐，則謬以千里，學之殊非易易，昔日本人，教授太極拳，軍政兩界，智名之士甚廣，一爲流傳國術，一則習太極拳養身之妙術，公之於世，俾人人皆獲强身却病之益，故用心教授，不憚煩難，數月以來，成效甚著，惟初者尚有不知，其中精微之意，與外家拳不同，以爲一學即能，一式未成草草學畢，以會太極拳矣，殊不知身法手眼步，不曉虛實，處處方式未合，殊不雅觀，本人爲名譽起見，不得不甚重，特定一教授程序之論，所學者太極拳須得式式準確，與本人姿式相同，方爲合格，必使學會後，形式悉合，學者須得柔順之效，方爲入門進步，學得式式清處，方達本人教授拳術之本意，蓋學否聽人之便，不得加以勉强也。

習太極拳十三要

一　舉動斯文，此拳運用姿態，純粹先天自動致柔。

二　動轉圓滿一氣貫串。

三　虛靈頂勁氣騰然。
四　鬆肩墜肘氣沈丹田。
五　涵胸拔背聚精會神。
六　不虛不靈，不空不妙，雙重步法爲病。
七　虛脚步法有二，一脚尖點地，二脚跟着地。
八　腰直步大用功法，二目平視手遂意轉。
九　尾閭宗正跨於膝平。
十　步法清利，或正方向，或斜方向。步輕貓如形
十一　練法温柔，愈慢愈好。
十二　内家拳有三空，心要空，手心要空，脚心要空
十三　陰陽跂盪，中和氣。

建國三十五年二月十九日

廣州市青年會太極拳班

第一期畢業仝人敬贈

錦旗一面各同志人名列左

十九

黃道基，何禮泉，馬日清，何信泉，陳應鈞，梁　華，連登權，關鵬遠，
張炳光，古　岳，麥少銓，馬孝清，劉烱基，冉　明，羅　耀，胡　奇，
胡本基，胡兆基，彭炳燿。吳重。廖文燊。嚴世武。

建國三十五年冬

太極拳講義全書

中華民國三十五年十一月初版

版權所有
翻印必究

著者　傅振嵩著
地址：教育路一一六號
印刷者　科學印刷館
電話一一五二九號
代售處　各大書局
定價國幣